내 처음의 딸이 라색을 하는 동안

문학의전당 · 시인선 79
내 처음의 딸이 라색을 하는 동안

초판인쇄 2009년 7월 12일
초판발행 2009년 7월 17일

지 은 이 고선
펴 낸 이 김충규
펴 낸 곳 문학의전당
출판등록 제387-2003-00048호(2003년 9월 8일)

주 소 121-718 서울특별시 마포구 공덕2동 404번지 풍림VIP빌딩 202호
전화번호 02-852-1977
팩시밀리 02-852-1978
블 로 그 http://blog.naver.com/mhjd2003
전자우편 mhjd2003@naver.com

I S B N 978-89-93481-31-0 03810

고선 시집

문학의전당

自序

종교든 문학이든 사랑이든 간에 죽어라 뿌리내리지 못하고 여기까지 왔다. 끝내 나는 그럴지도 모른다. 어릴 적 외갓집 마루에서 홀로 낮잠을 자다 깨어나 바라본 텅 빈 오후의 마당을, 와락 달려든 그 빈집에서의 무섬증과 외로움을 잊을 수 없는 한, 죽는 날까지 나는 부유할지 모르겠다. 허겁지겁 신작로로 나가 손을 들어도, 나를 태워 그리운 우리 집으로 데려다 줄 버스는 그때나 이제나 없기는 마찬가지–

다시는 장미정원으로 돌아가지 못하는 나에게 이 시집을 바친다.

●●●

차례

1부

2부

3부

4부

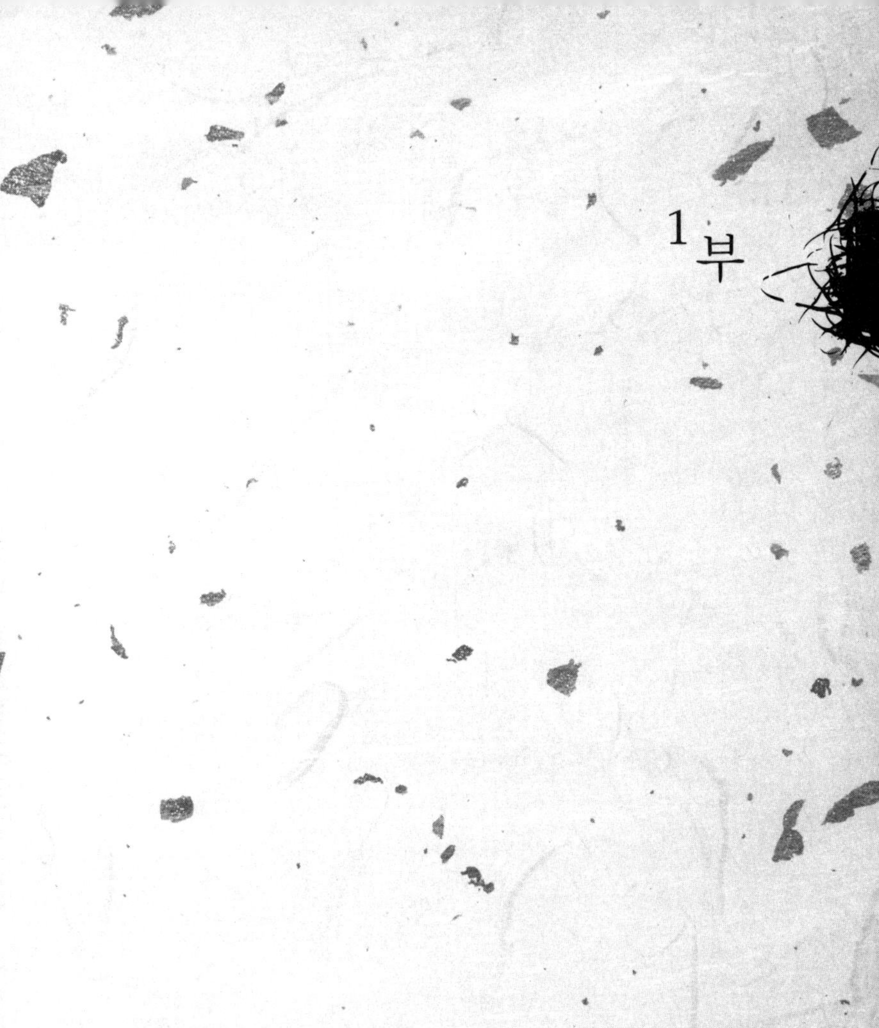

1부

낙타 등

날마다 잔등에 물의 집을 짓는 어머니
잔등에 무엇이 들었나요?
세월이 들었단다 목련꽃 벙그는 네 웃음소리, 아버지 창가소리도 들었구나 아라리차차 비약에 초약에 팔공산 스무끗, 너 품던 풋시절 살구도 몰래 따다 준 아버지 콧노래,

아니 한숨소리 들었어요 엄마 잔등 들썩여요 낙타 등에 원삼 족두리에 가마 타고 넘고 넘은 고갯길 들었어요

또 무엇이 들었나요?
저승 길 모래사막 뜨거워 노자물 고였구나 이승이 타는 사막이라 입 마르면 마실 물, 내 금쪽 같은 새끼들 낙타 등 되지 말고 한세상 편히 살다 가거라 곱게곱게 물색 좋게
아이 엄마 잔등 무너져요 내 슬피 울면 출렁출렁 잔등이 더 휘어지는 어머니

당신의 등뼈

전화선 저편에서
당신의 등뼈가 무너져 내렸다

뒤늦은 출근길
구로공단 허물어진 담장 아래
덩굴장미 샛붉어 울음이 나왔다.
가시 숲 장미들이 건너와
소리도 없이 터지는 꽃봉오리 속에서
붉은 띠를 이마에 두른 당신이 걸어 나왔다

……세월은 흘러가도 산천은 안다
깨어나서 외치는 뜨거운 함성……

컨베이어벨트에서 누수된 시간에 기대어
검은 빵을 씹을 때,
해장국에 소주를 까는 야근 끝의 신새벽
주막집 탁자에서도, 비틀거리던 매립지
쓰레기더미 위로 내민 고무장갑에서도
당신이 걸어 나왔다

내게는 푸른 혁명이었고 역사였던
당신의 등뼈를 딛고 굴러가는 전철 안에서, 나는
월장하지 못하는 덩굴장미들을
바라보았다

우울憂鬱 1

내 속에 이상한 내가 들어와 있어요. 어스름 녘이면 이승과 저승의 경계를 떠다니다 밤이 되면 이 방 저 방 돌아다니며 울어대는, 혼자 있으면 견딜 수 없고 곁에 있어도 초조해요. 악마들로 가득한 창문들, 가슴을 옥죄는 쇠사슬, 남은 내 푸른 생의 울타리를 넘겨다보는 악마들에 몸을 떨다가 노랑색 주홍색 알약들을 삼키지요

거울 속의 내 얼굴을 들여다보지만 눈이 보이지 않아요. 퀭한 구멍만 남아있어요, 어머니. 금단의 사과나무에 똬리를 틀고 긴 혀를 날름거리며 이편으로 넘어오는 저 악마를, 그 저녁 잃어버린 커다란 눈망울을 찾아주세요, 어머니!

벌거숭이로 지구별에 내려 금빛 뜰을 뒹굴며 파초처럼 자라고 눈먼 사랑 사랑을 해서 달덩이 같은 아이들을 낳고 폭풍우 같은 생의 고비 고비를 저만큼 넘긴 이 황혼의 저녁나절에 낯선 대륙에서 검은 실루엣으로 부유하는 내 영혼은 절망의 어둠입니다, 어머니

우울憂鬱 2

어머니, 꽝꽝 못을 쳐 주세요 창문을 타고 추락하는 실루엣이 보여요. 복제된 수많은 창들이 검은 상장을 두르고 손짓을 해요 어서 온 어서와 여길 뛰어넘어봐 천국이 보인단다 아니에요 거긴 마왕의 나라잖아요. 어머니 나를 안아주세요 눈도 귀도 막고 세상을 닫아주세요. 상여집 안을 들여다보지 말라던 엄마의 엄명을 어긴 탓인가요? 내 잃어버린 영혼을 찾아 어머니 그 두터운 그늘 속에 꼭꼭 숨겨주세요.

저 소리 들어요 따각따각 죽음의 말발굽소리에요. 홍역의 꽃불 속에서도 들었던, 어머니 어서 창문에 꽝꽝 못을 쳐 주세요 내 손을 놓지 마세요. 아무것도 어떤 소리도 보고 듣지 못하도록, 오직 당신의 숨소리만 들려주세요. 아아, 들큰하고 비릿한 당신의 젖 냄새가 사무치게 그리워요 어머니,

엄마, 상여꽃 냄새가 나요

마른꽃 냄새도 아닌, 할머니 상여 놀리던 그 밤,
환히 밀려오던 원색 꽃물결 살눈썹 새로 출렁이고

시름에 잠긴 휘파람새 노래 들려와요

휘이휘이 간밤엔 저리 꽃샘바람 불고 저어기 흰나비 떼 저문 강 서성이는데, 돌아보지 마 돌아보지 마라 망각의 강, 건너지 못한단다 슬픔꽃 뚝뚝 지는 엄마 목소리 아련하고, 그 강 건너면 아프지 않나요? 김치찌개 깍두기 불고기도 먹을 수 있나요?

배고픈 휘파람새 따라와요 후리익 후리익

계집애처럼 속눈썹 길어
일찍 이 별 떠난 큰오빠가 있고
은하수를 치마폭에 담는 태몽으로도
별을 쥐지 못해 제복을 벗은
둘째 오빠가 있는,

넝쿨장미 붉게붉게 타오르는 그 집
셋째로 다시 태어나나요? 변소간 가다 장미 그림자에 걸려

자지러졌던
　달밤의 그 집 셋째로 다시 태어나나요?

어머니

아궁이의 장작불 냄새에 서쪽 하늘이 붉게 그을렸지요 홍역의 꽃불 속에도 떠있던 하늘 이제는 견딜만해요 젖무덤을 가진 당신, 자궁 속에 웅크린 태아의 모습이어요

당신이 짓던 저녁연기 속에서 무덤과 요람을 떠올렸어요 사잣밥 냄새와 첫 국밥 냄새를요. 요람도 당신이지요 돌아가야 할 곳도 당신이지요. 하늘과 땅이 하나였어요 돌고 돌아 시작이 되고 끝이 되는 거였어요

생일은 이제 즐겁지 않아요 코에 젖은 냄새가 있어요. 마지막 길 당신이 맛나게 잡숫던 그 냄새였어요 오늘 아침 나를 위해 첫 미역국을 끓였어요

무덤의 문을 열어주세요 어머니가 되고 싶어요. 이제 사라지는 것들을 슬퍼하지 않아요

당신 어디에 계신가요?

저를 보내지 말았어야 했어요 당신 꿈속을 유영하는 산새와 나무, 꽃과 나비 눈과 비였다면 얼마나 좋았을까요 시로 음악으로 당신을 적시는 꿈이고 싶었어요 불꽃 파편으로 당신 몸에서 떨어져 나온 순간 지구별은 어찌 그리 광막하던지요 세월이 흘러도 여전히 나는 막막하고 버거워요

다락방 먼지 낀 상자에서 흑백사진 한 장을 보았어요. 처마 낮은 기와집, 창호지 바른 장지문 토방에서 당신은 친구와 웃고 계셨습니다 볼이 수줍은 열아홉 아니면 스물쯤,

어스름 새벽까지 달빛 드는 허청에 들어 짚신을 삼습니다. 당신 계신 곳 처마 낮은 기와집, 멀고 먼 행성이라는 것뿐, 달리 알 수 없어 수만 켤레의 짚신마저도 부족합니다 언뜻 눈을 들면 실루엣으로 어리는 당신은 손사래를 치며 황황히 모습을 감추십니다 모를 일입니다 달밤이면 무게를 더하는 마음이 걸망처럼 무겁습니다

추석 연휴

산행에서 돌아오는 전철역 입구, 부수수한 백발노인이 노점상 간이 의자에 쪼그려 찐 옥수수 먹고 있는 어깨 너머, 나락퉁가리 쥐구멍을 들락거리던 시골집 생쥐 한 마리가 아른대고

어둑발 내리는 아파트 등나무 벤치, 무릎에 아이를 앉힌 장년의 남자가 몇 가닥 이마로 흐른 앞머리 그늘에서 아이스케끼를 맛나게 먹는데, 불현듯 가을 들길에서 철지난 차림새의 남자가 나를 따라오고

나는 또 빈집에 들어 라면을 끓여 소주를 마시는데, 부엌 창으로 들어온 눈썹 긴 보름달 속에서, 송편을 빚는 엄니 눈이 우두커니 대문간을 내다보고

민들레

눈썹 끝 천변 길 먼 묵정밭에
무심한 듯 피어, 피어
술상무 못난 자식 술병 난 아침마다
머리맡 흰 약사발로 오시는 이여
노란꽃물 버선발로 오시는 이여
속 앓는 애물단지 자식 집에
커다란 민들레 보퉁이로 오시는 이여
이 봄도 하늘 아래 키 낮추고 피어
노란꽃무더기 이고 오시는 이여

목이 말라요

장독대 정한수에 별 하나 반짝 떠올랐어요

꿈속 물길을 헤엄쳐오는 잉어 한 마리 치마폭에 건져 올린 엄마

담장을 넘어온 앞집 풋살구를 봄이 다 지나도록 바라만 보았대요

할머니는 금줄을 치며 일곱 번째 손녀라고 남부끄러웠대요

생일이면 건넌방 윗목에 떡시루 미역국 정한수가 놓였어요

할머니는 남자 옷을 엄마는

예쁜 원피스와 레이스 블라우스를 입히고는 했어요

스무 살 때 결혼한

남자와 충돌할 때면 할머니가 떠올랐어요

드레스를 입고 송아지처럼 큰 눈으로 남자를 올려다보는 일에 서툴렀어요

청바지와 랜드로바로 갈아 신고 남자보다 앞질러 달렸어요

내 이름의 고급아파트가 생기는 동안 자꾸 목이 타들어갔지요 저만치

내 몸을 떠나는 여자가 보였거든요

남자가 바지춤을 끌어내리면 죽이고 싶어요

드레스 입은 여자로 대접하지 않는

넥타이 매달라는 남자의 목을 조르고 싶어요 그때마다

나는 우우 비명을 질러요
그러나 살구꽃비 내리는 시골집에서 엄마를 만나고 오면
마른 몸에 물이 차올라요 남자와 등을 기대고 앉아
긴긴 이야기하고 싶어요
개울물과 징검다리 아래 흰 조약돌과
보랏빛 패랭이꽃과
눈부신 햇빛과 바람에 대하여

빈 항아리

베란다 꽃밭
가을꽃 한 송이 피었다

작년 이맘 때
선운사 바위너설에 뿌리내린
상사초 몇 뿌리 옮겨와 심었다
피를 토해내듯 붉은 꽃
청청한 잎사귀도 무릎을 칠만큼 고왔는데
단 한 그루만 남았다
상사화 둘레로 수다한 화초들이
누렇게 시름시름 앓는 것 바라보다
애기수련이 썩어가던 빈 마블 항아리에
오래 눈길이 머문다
무언가 가슴을 두드리고 지나간다
돌아서는 순간
등을 후려치는 어머니 닮은 마블 항아리
빈 항아리 속으로 은은한 미소가
고여 들고 있었다

여름

엉겅퀴 구절초를 키우시고

능소화
그 타는 꿈을
수다한 떨기로
피워내는 당신
저만큼 멀어지는 당신 등 뒤로
낙화처럼
흘려놓은 꽃신 한 짝

등꽃

대문도 열어놓지 않았는데
간밤, 달빛이 하도 환하길래
장에 다녀오시던 당신이
안겨주었던 셈비과자며
눈깔사탕 맛에 대하여 이야기한 것뿐인데
그런 것뿐인데
수돗가 지붕에서 당신이
보랏빛으로 웃고 계십니다

감자꽃이 피었어요

어머니
꽃이 보고 싶어요
지난여름 광에 들인
감자 무더기에서 보랏빛 속살이
올라왔어요

삭풍이 쓸고 간 마음 밭에
한 쪽 또 한 쪽
감자 싹 잘라 파종을 하고
눈을 드니

흰꽃이 강을 이루는
저 기슭
감자꽃으로 웃고 있는 당신

종소리

날개가 있다면 딸 아이 일하는 병원으로 날아가 아래층 약국에서 약도 타오고 곁에서 환자 B란다 C가 아닌 B- 참견도 하고, 선배에게 커피도 날라주고 때를 놓쳐 노래지는 아이가 천천히 볼일도 보고 때늦은 식사도 하게,

나이팅게일로 변신, 하녀 취급하는 선배 엉덩이에 바늘 침을 놓고 삘삘 땀 흘리는 네 앞에서 커피를 홀짝이다 티브이 채널 바꾸러 일어나는 그 얄미운 다리를 걸고도 싶단다 너를 웃겨주면 그날치의 피로는 풀릴까?

삶이란, 엄마가 그리는 수채화 같은 그림만은 아니란다 고흐인가 하면 샤갈이기도 하지 성탄에 부르는 칸타타나 네가 치던 슈베르트, 베토벤, 그러니까

좌충우돌하는 선배는 네 스승 마음을 바꾸면 세상 소음은 계곡 물소리지 쉬잇! 조금만 견뎌 강을 건널 때까지 여기 남아 엄마는 널 달구던 빨간 태양을 저녁 강에 그려 넣을 게 널 태운 나룻배가 닿을 때까지, 저물녘에

기도를 드린다. 물감 묻은 누더기를 걸치고 상처부위에 꿈을

발라주시는 이에게, 가장 평온한 저녁 종소리를 보내주신 이에게

내 처음의 딸이 라색을 하는 동안

꽃샘바람 불고 봄비 내린 다음 날, 〈푸른 안과〉 모니터에 칠흑의 빅뱅이 떠올랐다 아침 빛 물든 동산 가운데 꽃술마냥 말려 올라간 살눈썹, 커다란 눈 하늘 물빛 다 합한 가장 처음의 눈이었다 호수가 은빛으로 눈을 뜨는 순간, 푸른 수초 사이 비단 열대어들 지느러미 흔들며 '처음의 눈' 을 바라보다 훌쩍 모니터로 뛰어올라 '처음의 눈' 속으로 헤엄쳐 들어가,

〈푸른 안과〉 모니터 동쪽에서 태양이 떠올랐다 처음의 꽃이 피고 벌 나비 새가 날기 시작했다 그것을 본 '처음의 눈' 에 이슬이 방울져 흘러내려 꽃들은 더 무성히 피어났다 꽃씨가 여물 때 서쪽에서 불어온 바람이 턱시도 입은 소년을 데려와 '처음의 눈' 과 혼례를 올려주었다

소라껍질 속에서, 담수 진주알 속에서, 비단 열대어 지느러미를 흔드는 산호초 궁전, 〈푸른 안과〉 모니터에 무수한 '처음의 눈' 들이 태어났다

2부

추락하는 것은 날개가 있다

'대리 운전기사 모집
1588-0000
전 직원 재해 상해보험 가입'

떨이 물건 사러 할인마트에 다녀오는 길, 길가에 나붙은 현수막이 펄럭인다 중학교 선생에서 입시학원과 보습학원 강사로 학습지 교사를 거쳐 대리 운전기사를 한다는 남동생 소식에, '추락하는 것은 날개가 있다' 는 소설 제목이 자꾸만 혀끝에서 맴돌고,

죽지 부러진 아들 뒷바라지에 칠순 아버지 등뼈 무너지는 소리, 밤기차 캄캄한 기적소리, 재개발지구 불 꺼진 창으로 날아드는 파랑새의 빈 날갯짓 소리

내게도 날개가 있는가? 가만 어깻죽지를 만져보는 밤. 가풀막 오르며 올려다본 밤하늘엔 놀빛 달무리가 걸려 있고,

선데이서울

늙은 언니는
나훈아와 김지미의 비하인드 스토리를
비 오는 날의 김치부끄미보다도
맛나게 요리를 하고

아직도 직싸게 이쁜
문희의 소싯적 이야기를 할 때는
오메! 겨드랑이 간지러
다소곳이 눈을 내리깔기도

가리봉동 후미진 골목에서
만년 구멍가게를 하는 언니 손을 쓸어주며
우유를 두 병씩이나 먹어준다는
전주국밥집 아줌마는
연하 남자와 다섯 번째 동거 중인데
허구헌날 눈두덩이 밤탱이라고

언니 집 문간방 여자는 밀린 방세 때문에
언니를 요리조리 피해 다니는데 요행히
마주칠 때마다, 그놈의 굴렁쇠 금귀고리와 개줄 금목걸이

금팔찌는 여전히 싯누렇게 반짝인다고

소싯적엔
'내 다리 내놔라 내 다리 내놔'
따라붙던 귀신을 물리치고
도굴해온 시체의 다리를 가마솥에 삶아
문둥이 서방에게 먹였다는 열녀의 이야기나 현해탄에서 뛰어내린 윤심덕과 김우진의 이야기를 들려주던
젊어 홀로 된 언니
뼛속까지 스며드는 바람을 견디려다
뒷골목 언니들이 딱딱 껌을 씹으며 뒤적이는
한물간 잡지 같은

분수

발이 있어도 걷지 못한다
귀가 있어도 듣지 못한다
눈이 있어도 보지 못한다
피어도피어도 꽃이 되지 못하는 무배란증

햇살 가득한 봄날
노파가
쿨럭쿨럭
제 설움에 겨운 노란 기침을
쉼 없이 토해내고 있다

어느 날 갑자기

건어물집 처마에
일렬횡대로 걸린 가오리들
바람에 점점 말라가는
풍장된 육신들이 내 눈을 찌르네

싱싱한 눈동자
시커먼 두 개의 동공으로 남아
천 길 나락으로 끌고 가네

토우와 청동의 부장품
몸에도 녹이 슬어
얼음꽃이 피려 하네

만년설은 먼
영화 속 이야기인데

쇄골뼈 갈비뼈로 흉흉한 몰골 하나,
욕실의 거울 속에 걸려 있네

거미

거미줄을 치고 현장 소장이 내 살을 파먹으려 해요 기사 놈들도 내 몸에 이빨을 박으려 해요 가불해주세요 퇴직금 선납해주세요 휴대폰비 내주세요 거미줄이 휘청이는데, 내 볼기짝 살로 불고기 파티한 지도 불과 며칠 전인데

집에 오자마자 아이들에게 불붙은 화살을 쌔앵쌔앵 날리지요 왜 이제 들어오는 거니 일찍 들어온 건데요 누가 말대답하랬어 어서 밥 먹고 자빠져 자, 아니 이 남자는 왜 또 늦는 거야 새벽녘에 들어와 빈 젖꼭지 물고 늘어지는, 머리 검은 짐승이라면 이가 갈려

비에 젖은 집, 광대뼈 쇄골뼈 엉치뼈 불거진 거미의 집

그 여자

'하자 나면 언제든 연락 주십시오'

리모델링 끝나는 날, 그 말 잊지 못해 아침마다 담장 너머로 까치발 딛던 여자.

쌈장한 돼지구이 삼키다가 아차! 더 거슬러 받은 지폐 한 장 목에 걸고 읍내 고깃집으로 내달리던 여자. 백 원 대신 오백 원 동전 거슬러 받은 택시 꽁무니 주걱젖통 털렁대며 뒤따라가던 그 여자.

'언제 식사 한 끼 같이 합시다'

그 말 믿고 머리에 쥐나도록 달력을 보던 사이코! 카드대금 종업원 월급 공과금을 한 번도 밀리지 않은 사이코! 주식에 손댔다 깡통 찬 피붙이 주머니를 울면서 울면서 채워준 사이코오!

'뻔뻔스러워지십시오 그게 살길입니다'

정신과 의사 처방전을 굳이 성모상 옆에 걸어두겠다는 그 여자.

천 년 후에도 지구별에 내릴 별종이라네

경계

전화선 저편에서
꺽꺽대던 친구

화장터 굴뚝을
빠져나가는 아내의 육신을 바라보면서도
육개장에 밥 말아 삼키던 일이나
좋아하던 귤 한 조각
넘기지 못하고
마르고 타버린 삭정이 몰골
그 몰골을
잊지 못해서가 아니라

이십 년을 함께 했던
정 때문이 아니라
새롭게 시작한 사랑
그 뻔뻔한 사랑을 다시
하게 되어 우는 것이라고 말할 때

어디선가
모래바람 불어오고,

클레임 걸린 변두리 공사장의 풍경이
아득해서,
나는 울었다

빨간 신호등

빨간 미니스커트를 본 건 전동차에 앉아 책을 읽던 참이었어요 문득 그 빨간 치마가 눈을 막더니 빨간 신호등 앞에서 급브레이크를 밟던 기억, 날카로운 금속성이 귓속을 파고들어 구토를 했지요 그 붉은 소리를 지우고 싶었을까요 때아닌 세탁기 도는 소리 웅웅 신음하며 귀를 막았는데요 여전히 그 소리 흘러들어서요 이비인후과에 갔더니 머릿속에 빨간 신호등이 켜있더군요 귓바퀴에 초록빛 약을 바르는 선생님, 머릿속엔 뭐가 들어있어요? 모차르트와 초록불이 켜있지요 그 밤 내내 모차르트와 마주앉아 거울 속 여자 얼굴에 온통 초록물감을 칠해줬지요

이별 예감

'백병원' 에 다녀왔다
십 년차나 되는 동생이
저승보따리를 챙기고 있었다
만두 맛이 그만인 집안으로 내가
시집을 왔던 이듬해 정월
어른에게 세배 와서
"누나, 세상에서 이처럼 맛있는 만두는 처음이야."
속삭이던 교복차림의
그 까만 눈망울이 자꾸만 밟혀온다
발밑이 아득히 절벽이다

아름다운 이별

만취한 다음날
이별을 했다
한 사람에게 취했던 날들이
어느 날 멀어지고
지옥문 앞에 쓰러진 나를
내려다보던
내 안의 죄들이
박하사탕 같은 아침 빛 속에서
비늘처럼 떨어져 내리는 것을

환희라는 말을 처음 더듬어보았다

길 잃은 목자

당페르 로쉬역 뒷골목, 노란 가발 뒤집어 쓴 여자가 유리문에 기대서서 회색연기를 퐁퐁 피워 올리고 단란주점 앞 중년의 남자들 긴 머리 소녀들의 팔을 잡아 끌어당기고요 맞은편 포장마차에서는 어린 노동자가 라면을 먹다가 지친 손등으로 식은 땀을 훔쳐요 손바닥만 한 티브이에서는 수천억대의 부동산 투기자 명단이 대서특필 지나가요 그날치의 라면에 더 관심이 많은 아이는 라면 국물을 남김없이 마셔요 가끔 아이가 어깨 늘어뜨리고 터덜터덜 귀가하는 것을 보곤하지요

한 떼의 소년소녀들 빈집에서 배배 팔다리를 꼬아가며 흐느적거리고 있어요 자지러지게 웃어제끼는 놈, 담배 연기 속으로 머리통을 쑤셔 박는 놈, 부탄가스통들도 여기저기 널려 있어요 못 찾겠다, 꾀꼬리꾀꼬리…… 웬! 노래도 흘러요

길이 안 보여요 십자가가 너무 많아 눈앞이 온통 빨강색이에요 오늘 별들도 눈자위가 너무 붉어요 별빛 아래 양 떼들 쏘다녀요 십자가를 치켜 든 목자들 너무 많아 양 떼들 끝없이 길을 잃고 있어요 히히히히잉 검정 양 하얀 양 울고 있네요 히히히잉 피처럼 붉은 십자가, 허공에 걸린 사거리에서 또 한 번 길을 잃어보라고, 길 잃은 양들 어서어서 오라고 손을 까불러요

행간

초겨울 볕 따뜻한 오후, 밀린 시집을 읽는데,
빠끔 문틈으로 보이는 대학생 큰딸은 공무원시험 문제집을 들여다보고
막내는 성당에서 준 주먹밥을 먹으며 성탄에 부를 칸타타를 식탁에 펼쳐놓네
'동방신기'가 흐르는 방에서는
세계명작 시리즈가 손가락에 침을 묻혀 작은딸을 읽는 중이네
친정 뒤란에서 자란 장두감과 맑은 가을볕을 한 접시 담아
아이들 앞에 두고 오니, 읽다만 시집은 다시 나를 넘기네

고향 뒤란에서 건너온 순백의 꿈이며 소망이
시집 갈피갈피에서 초겨울 빛으로 익어가고

우두커니 마음 저릿한 너머,

폐암으로 삭정이처럼 타들어가던 흑백의 아버지가 누워계시네

3부

몽골늪지의 우렁이

비 오는 날이면 여자와 교접을 했다 마른 잎 뒹구는 창 너머 풍경을 견딜 수 없어 여자를 찾았다 장애아 쌍둥이 딸들을 바라보다가도 여자에게로 달려갔다 여자 속에 입과 머리와 성기와 꼬리를 처박고 허우적거렸다

소년시절부터 사랑한 그녀를 안고 싶어지는 날이면 홀로 몽골늪지의 우렁이들을 만났다 숱한 그녀였다

항아리 속에 넣어둔 우렁이들이 쌍둥이 딸들로 분열하고 또 다른 몽골늪지가 생겨나고 그녀들과 그녀의 딸들이 태어나고, 슬픔의 여자들 마을에서 깃을 털다 뼛속을 터덜터덜 걸어가는 한 사내의 울음소리를 들었다 몽골사막을 건너는 말발굽소리 또각또각 들려왔다

천경자를 만나다

'내 슬픈 전설의 22페이지' *를 보는 순간,

나의 정수리에서 솟아 흐른 전율이 너의 심장으로 흘렀을까 아니 너, 그때 배암 지나는 소리로 왔을까… 미당의 花蛇도 건너와서,

너울너울 검은 비단 혀로 고욤열매 나의 유두며 목덜미 간질여서 백 년 만에야 너에게로 이를 수 있었지 백 년의 고독을 견디고서야 단 한 번의 오르가슴에 오를 수 있었던 내 몸 어디, 먼 섬에서 말라가는 욕망의 거기, 터뜨린 배암이여! 익모초 맛 쓰디쓴 시간과 겹겹의 어둠 견디고서야 너에게로 이르렀나,

천지에 네 모습만 남아,
바람난 유부녀처럼 나는, 밤마다 정사를 꿈꾸지 벽장 속 화구를 챙겨 낯선 아뜰리에 문을 두드리지

문이 열리면 들고 간 화구는 크레용— 양초에 물감을 섞은 크레용으론 오르가슴으로 가는 전위를 그릴 수 없는, 나풀나풀 리본 핀의 계집애… 자꾸자꾸 부러지는 몽당 크레용 들고 햇살 환한 창 너머 뾰족지붕 바라보며 울던 노란 이젤 앞 그 계집애,

내 슬픈 전설의 22페이지-

*천경자 화백의 그림

꽃과 달

미장원집 여자의 가랑이 새로
사내들이 물구나무 서 있었네
처음엔 이발소집 아저씨였다가
세탁소집 아저씨이기도 했다가
안개 짙은 밤엔
구레나룻 무성한 내 남자의 얼굴이
횡단보도 건너는 붉은 달마냥 훌연했네

웨이브파마를 하고 있는 동안
거울 속에서 나온 누렁이가
여자의 가랑이 사이에서 얼쩡대는 것을
아무도 보지 못했네
큼큼대는 누렁이 코 따라 길어진
내 코가 여자의 귓불에 닿아
귓구멍 속으로 슬그머니 사라진 것을

여자의 볼우물에서 피어나는
기화요초 수풀에서 보아버렸네, 분분히
분분히 내리는 나비비늘에
노랑 보라 초록 하양 빨강 분홍빛 세상, 나는

이제 또 한세상 무엇으로 내리려나

미장원집 여자의 가랑이 새로
도화빛 붉은 달이 걸려 있네

백화*를 꿈꾸며

어언 당신은 이제 종교가 아니어요 그냥 그 자리에 놓인 식탁이며 침대며 소파 같기만 해요 저 멀리서 빛나는 건 늙지 않는 꿈이에요.

깨어보니 당신 어깨 너머 성화 사라지고 백화 아가씨가 눈부셔 보이던지 간밤도 꼬박 그리로 가는 계단 밟아갔지만 헤살스런 웃음꼬리만 빛처럼 떠돌았지요.

'내 배 위루 사단 병력이 지나갔어. 국으로 가만있다가 조용한 데 가서 한 코 달라면 몰라두 치사하게 뚱보 돈 먹자구 나한테 공갈 때리면 너 죽구 나 죽는 거야.'

백화 같은 여자를 잉태하고 싶어 날마다 이렇게 목마른 거예요.

가끔 엎드려 우는 이유는 그 길이 끝내 시렁 위에 걸린 등불일까 봐, 자동차며 티브이며 책상이며 공기가 되지 못할까, 겁이 나요 예수님.

헛되이 펄럭이는 폐선의 깃발일까 봐…… 그러나 어느 새 또 당신의 옷자락이 보여요!

*백화 : 황석영의 소설 「삼포 가는 길」의 술집 작부

나도 모르는 내가 있네

어디선가 도화향기 향기 분분히 날아오네 거리엔 오가는 낯선 행인들… 도시에서 복숭아아 밭은 멀다네… 언젠가 알 수 없는 향기 따라 베란다로 욕실로 헤맨 적 있네 늦은 지하철 낯선 향기가 지친 잠을 화르르 깨우기도 했네 약속시간 25분 전… 기다리는 시간은 신침이 고인다네… 방금 스쳐간 저 바바리코트 주머니엔 무슨 생각이 담겼을까 지난밤 꿈속, 나 여기서서 후익후익 휘파람 불었는데,

봄밤, 느닷없는 이 비린내… 간질간질 피어오르는 날 비린내 슬금슬금 좋아졌다네 저기, 불쑥 나타난 좌판에 발가벗은 여인 하나 눕히고 싶네 맨발에 긴긴 입맞춤을 할 거네

그대 발가락은 복숭앗빛, 나는 연둣빛 가지를 타고 그대에게 이른 한 마리 실뱀, 그대와 또 다른 그대 연결하는 파수꾼이네 오라오라 후익후익 검은 비단 혀로 휘파람 부네

오호라…… 저 좌판의 여인에게
날아드네 나비 떼 숨죽인 봄, 그 환한 꽃잎 흠흠 날리는 속살내에 젖는 봄밤, 내 안에 나도 모르는 여럿인 내가 있네

초승 지나

할까? 해 버릴까…… 뽕짝사랑에 이 악물고 돌아서면 다시 도지는 병 컴컴한 그믐밤 대낮 같은 보름밤 홀로 지새자면 대마라도 먹은 듯…… 취한 듯…… 팔다리 배배 꼬여 개다리 춤도 추고 거 어디 꽹과리라도 주워들고 깨갱깨갱 발정 난 수캐 흉내라도 낸다면 살 것도 같고, 꽃무녀 요령 빼어들고 내 속의 잡귀 엣쉬엣쉬 물러가라 물러가라 한바탕 신명나게 미쳐볼까 차라리 오만 잡신 불러들여 한판 디스코라도 비빈다면 살겠는걸, 살겠는 거야

(오오…… 웨이브 하우스 스텝으로 걸어오는 저 여자 발가벗고 있잖아 히히힛!)

돌아서면 자동차 바퀴에 짓뭉개진 들고양이- 그 주검 같은 사랑 놀음을 한 번, 딱 하룻밤… 해볼거나 어쩔거나,

도시의 꿈

고층빌딩
사장실을 월장한 햇덩이가
선술집 아가씨
가랑이 새로 숨어들면

주머니 쓸쓸한
샐러리맨들 퇴근길이
막걸리 한 사발로
녹야가 청청이네

어디서고 발그레
떠오르는 보름달이 하필이면
아가씨 치마 밑서 물구나무서니
마누라 달거리에 거세당한 말뚝
오늘따라 우뚝하다

뭇사랑
네온별 내 사랑 둥둥
가슴에서 가슴으로 은하수 흐르는데

세월

포도즙을 빨다가 그 맛에
자지러졌네
스물 나이에 만난
들꽃무더기 앞에서도
그런 기분이었다네

그로부터 먼 훗날
남자를 처음으로 알게 되었을 때
나는
들꽃무더기 앞에서 울어 버렸던
스무 살의 나를 떠올렸다네

그 밤이 새고 난 일요일 아침
성당에서
차마 성수로 내 몸 씻을 수 없어
흐르는 눈물로 대신하고
강가로 나갔더니

스무 살에 보았던
들꽃무더기 꿈처럼 피었는데

포도즙을 빨다가 자지러지는
섹스를 하다가 자지러지는
그런 기분 간곳없어

검지손가락 하나 입에 물고
하염없는 세월 옆에
거기 그냥 서 있었네

우리 신부님

신부님 좋아해도 죄가 되나요?
신부님 좋아하는 거 고해 안 해도 죄가 되나요?

예수님 닮은
백발의 신부님

화장실 변기에 걸터앉아 나는
날마다 막달라 마리아를 꿈꾼다

선운사 동백

숨어서만 피는 서러운
내 사랑

청동의 문
– '추방' 이라는 지인의 그림을 보고

–원시 남녀의 나신들
그 아래 꽃과 들짐승–

물소리가 간지러워요 보랏빛 언덕을 넘어요
푸른 숲이 기다리고 있어요 길이 하얗게 나부껴요

꽃사과나무 아래 남자가 누워 있어요 달빛 닮은 여자와
한 장의 벽화가 되네요
입을 맞췄어요 그 맛, 첫 키스도 그랬어요
오래 익은 내 남자. 낯설지 않았어요 여자도
울었어요 천 년 전 시간 속에서 그대
향그러운 말소리로 유영할 때

대앵 댕
천겁의 회랑 끝에서 울려오는 괘종시계 소리
팔을 휘저어요 문이 닫혀요!

피안의 이야기,

청동의 문에 새겨두고

타박타박 걸어오다 눈을 감아요 훠이 훠이
춤추며 노래를 불러요 빈 미루나무가지에서 갈까마귀 한 마리
까, 까, 까, 까, 울어요

유원지 지나
강변마을 모텔의 창문마다 붉은 꽃등이 피고
클레임 걸린 공사장 뒤꼍, 참았던 오줌에 발등이 젖었어요

한동안 신열이 올랐어요

꽃사과나무 가지에서 붉은 혀를 날름거리던 비단뱀이 새로운 사랑으로… 사랑이어도 이제 더는 울지 않아요

푸른 옹달샘이 사라진 숲속나라와 핵이 든 햄버거
방부제로 처리된 질긴 시간이 싫어요 전생의 남자와
잠을 자고 싶어요 돌아가고 싶어요 두드려보아요 청동의 내 몸을,
아담이여 아담이여

도화도화도화

전생에 나는 향월이었나 밥을 먹다가도 노래를 부르고
잠을 자다가도 춤을 춰요
경성제대 출신 울 아버지가 검찰청 최 주사로 늙은 것은
화사의 피, 화사의 피가 흐르고 있어서야

현모양처 울 엄마 볼에 패인 꽃우물은
홍등녹주 속에 자지러지던 향월이 향월이었던 거야

일곱 번째 내 사랑은 할머니 전생의 남자
할머니 비단 치마폭에 날아든 한 마리 학
상사병으로 죽은 풍문 속 이 도령인 거야

도화도화 분분한 봄밤 아래 여덟 번째 내 사랑이 아른거려
아른거려 도화 장거리로 간다간다 나는 간다
향월이 가지랑이 새로도 피고 지는 도화도화 내 사랑아

시인이 된 친구

열네 살에 선생님으로 만난 한
남자를
평생을 두고 사랑한 친구가
시인이 되었다.
어떻게 시인이 됐느냐고 묻는 내게
백마강으로 새빨갛게 떨어지는 불덩이
검지로 가리키며, 저걸 한 번도 품을 수 없어서였다고
파뿌리 같은 머리 쓸어 올리며 말했다

푸른 흔적

수풀이 자라났다
책 속에서 푸른 엽록소가 짙어지고
수풀이 가슴을 덮을 무렵
낮 꿈처럼 날아든 연분홍연서

그로부터
홍등가 여자들의 웃음소리
진홍의 지폐들이 자라고,
알부민을 맞고 마셔도
사라지는 푸른 흔적들
내 몸을 덮은 지폐들
반란은 시작되고
지천명, 지천명
나는 날 선 대낮 속으로 끌려나와
정신의 갈기를 쥐어뜯는다

욕망은 시고 달다

산에 오르며
기암절벽 구절초무더기로 환생한 님 보았네
이승으로 건너오던 피안의 강가에서 스쳤던 인연 하나
폭포수 아래서 희디흰 빛으로 재회했네
주왕을 꿈꾸던 남자의 넋이 깃든 주왕산이라네

주왕의 꿈틀대던 욕망이
주왕산자락 사과나무 가지에 주렁주렁
낯선 사과밭에서 익어가고,
빨갛게 신 침이 괴어왔네 몰래한 사랑으로 입덧을 할 때처럼
허겁지겁 달콤한 사과 베어 물고 싶었네

아직 사과밭이 아른거리네
눈을 뜨고도 치마폭에 우수수 따 담는 꿈을 꾸네
뽕짝 메들리를 틀어대던 관광버스 기사님
환장할 지르박
몸에 단물 고였네
뽕짝이 피우는 꽃은 뜨거웠네
금방 지고 말 꽃들은 어느 나무에 매달리고 있을까?

붉은 장로나무

만취를 하니
잊었던 이별이 도진다
세상 끝 보인다고
허하게 웃는 그 여자 너머
열여덟 어느 순정이
토사물 속에 누워 있었다

사모님은 아직도 아름다우세요?
그때 타버릴 걸, 활활 타버릴 걸
차라리 뒤꼍 붉은 장로나무*로 남을 걸

눈앞이 왜 이래요 온통 정지된 그림뿐
빛도 향기도 없는 죽음을 어떻게 준비해요?
두려운 나이잖아요
기다림은 싫어요 끝내고 싶어요
이제 열여덟 저는 없어요

그 밤, 바람이 몹시 불고 비가 내렸다

계절이 피고 지고

여전히 해는 뜨고 달이 지고
꽃과 나비가 날고

한참을 걸어와 너를 만져도
손에 벌겋게 물이 든다
너는 어디에 독을 숨겼는지
나는 다시 앓는다

사랑은
다시 태어나 시가 되고
음악이 되는 것을
어느 날 꿈속에서
울면서 지켜보았다

*장로나무: 중국이 원산지이며 집 근처에서 자라는 다년초 식물(씨로도 번식함). 초가을에 붉은 물을 터질 듯 머금은 열매를 맺음. 학명은 〈자리공〉이라지만 흔히 장로나무라고 부름.

4부

장미정원

외갓집 마루에서 낮잠을 깨어 바라본 텅 빈 오후의 풍경은 낯설었어 마당에서 동그라미 그리던 보리잠자리마저 간 데 없어 와락 울음을 터트렸어 신작로로 나가 버스를 태워달라고 졸랐지만 사람들은 뿌옇게 사라져버렸어

어느 날, 그 아득한 세상이 온통 낯설어 비명조차 지를 수 없어 나사못처럼 가슴을 조여와 친구들과 헤어지는 순간 눈앞이 온통

'베아트리체화방' 에서 '장미정원' 이라는 그림을 보는 순간, 낯익은 풍경에 깜짝 놀랐어 친구들과 뛰놀던 오래된 그곳, 이거 봐 장미가시에 찔려 성한 곳 하나 없는 내 종아리를 좀

'장미정원' 에서 쫓겨나 깨어난 곳이 외갓집 마루였을까?

왜 창 너머 타오르는 넝쿨장미가 사무쳐올까

그 집 앞

전생을 잊을 수 없는 까닭일까
간이역으로 가는 길
철길 옆
처마 낮은 붉은 벽돌집
그 벽돌집이 유달리 정겨운 건,

분꽃 피는 마당
내 생각의 울타리 감고 오르는 덩굴장미
예사롭지 않아

아주 오랜 옛날
나는 그 집의 첩이었거나 계집종이었거나

분꽃이 피고 장미가 피는 내내
내 몸에 분내가 나고
본처의 손톱 같은 붉은 가시에 찔려,
나는 필시
누군가를 친친 감아올린
시앗, 또는 그 몸종이었으리

폭풍우와 지축을 흔드는 우렛소리 지나
현생으로 건너와
이렇게 망연히 바라보는 날,

뒤란 두레박 소리, 나지막이
담장을 넘어오는 먼 그 집 앞

도라지밭

그때, 도라지밭에서 무슨 일이 일어났을까?

남으로 남으로 흘렀네 햇빛 하얗게 타는 오후
완행버스 타고 '꽃네' 라는 마을에서 내렸네
고샅과 고샅을 한참 떠다녔네
동동구르무 장수 북소리 흑백의 울 밖에서 들려오고
들에 나갔을까 하얗게 바래진 빈집들 지나왔네 컹컹
누렁이 소리마저 들려오지 않았네

당산 언덕배기 풋감 앗 떫다! 뱉어내고
송아지 끄먹끄먹 조을고 있는 외양간도 들여다보고
짙푸른 탱자나무울도 아슴히 바라보다 도라지꽃
짓뭉개진 도라지밭 꿈처럼 보았네 보랏빛 숨결들,
일곱 살 적, 한 머슴애와 뭉치기하던 도라지밭
도라지밭이었네

"이리와 광식아 울 엄마 아빠처럼 뭉치기하자"
거친 숨소리 들린 다음날이면
도라지밭이 짓뭉개져 있었네

끄먹끄먹 나를 바라보던 광식이 눈, 송아지 눈!

도라지 도라지밭에선
보랏빛 꿈들이 익어가고 광식이네 외양간에선
음매 음매 송아지가 울다가 조을고
나는 어른이 되어서도 보랏빛 꿈속이네

도라지꽃 피던 날
그 꽃밭을 지나왔네

똑다리

당신 눈 속엔

검정 고무신을 신고 란도셀을 등에 멘

소년이 들어 있어요

햇빛 하얗게 쏟아지는 똑다리를 건너는

낮달

흘러간 최희준의 노래가 흐르는 택시 안
은하수가 된 그의 부인 생각이 나네
새로 얻은 부인은 배우 같더니 영산홍마냥 붉게 웃더라구
행복해진 최희준을 보면 서글퍼지는 게

하필이면 은하수마을 돌담 사이로
모담모담 흐드러진 영산홍들이
차창 너머로 흘러흘러 사라져가는 게
서러워, 눈길 돌린 하늘
저 멀리 그대
신발 한 짝으로 식어버린
낮달.

달

땅끝마을 가는 차창 너머, 수은등에 걸린 노란 달이 내 젊은 날의 꿈으로 떠있네 끝내 승천하지 못한 것들, 밤이면 여기 모여 훠이훠이 초혼제 올리려 하는가, 새벽이 오기까지 떠도네, 시간의 뒤안길에서 서성이네 아리아리 땅끝에서 돌아올 때, 그대 저 노란 달빛에 걸어두고 오게 캄캄한 밤, 저 홀로 빛나도록 또 다른 그대, 그대들 여행지에서 돌아올 때 거기 쌓여 섬이 되도록, 해남 가는 길 허공 중 다도해 파도 한 점 출렁이지 않는 또 다른 해남이 되게 거기 서서 섬인 그대

패랭이꽃

선운사 가는 길 패랭이꽃
패랭이처럼 웃던 죽은 누이 생각에
길 놓고 주저앉아 나도 피어버렸네

꽃신

바다로 가는 숲길
환생처럼 피어나던
설화들을 보았네
내 누이의 넋

간밤 잃어버린
꽃신 한 짝
꿈결 떠돌았다
먼 길 간 누이여

꽃신 2

어디로 갔을까
퇴근길, 만추의 거리에서
나를 찾아 헤매네
귀엽고 작은 발은
어디로 갔을까

빌딩숲 새로 떨어지는
젖은 하루 끝
꽃신 한 짝 홀연 홀연 떠오르네
어디로 갔을까
초롱초롱 까만 눈의 아이는

이승의 신발
신어봐도 신어봐도 맞지 않아
놀빛 강가에서 울고 있네
어디로 갔을까 아득한 나는,

그리움

야근한 밤
해장국에 소주 한 잔 걸치고
돌아와 저 홀로 잠드는 새벽
푸른 이내 속으로 올라가는
또 하나의 계단
살구꽃 피는 언덕 지나고
감꽃 저리도록 하얀 뒤꼍을
아이들의 어지러운 발자국소리가
층층의 계단을 올린다.

끝없는 이야기

자정 5분 전 이제는 방범대원 호루라기 소리 들리지 않는다 보따리 안고 밤기차 타려는 점순이 금순이 복순이, 통금이 사라지듯 그 많던 처녀들이 사라지고

멈춰버린 서울역 시계탑 수은 불빛 속을 노숙자 두엇 두더지처럼 웅크려 있고 열차 바퀴 소리 칙칙폭폭, 그 높낮이로 가까워졌다가 멀어지고

봉자 숙자 영자들의 웃음소리 홍등녹주 속에서 자지러지고 구로공단 야간조 기계 소리 속에도 야간학교 교실 핏기 없는 얼굴들에서도 피어나고 예기치 않게 봉순이가 되고 룸싸롱 33번 아가씨가 되고 재수 좋아 배우가 되고 사모님이 되기도 하고

숱한 이야기들이 태어나고 태어나고

서울역 시계탑, 스모그 낀 하늘 위로 흑백사진 속 늙어버린 여자들의 웃음소리 날아든 풍물처럼 까무룩 피어오르는 것을 오십 년을 건너온 한 여자가 망연히 바라보고

내 안의 돌

자꾸만 눈물이 흘러
엿장수 놀려먹은 일 석유장수 골려대던 일
원기네 집 뒤곁 풋살구 따먹은 일 풋포도 훑어내던 일
마음에 걸려, 가버린 아버지에게 대들던 일
빵 한 조각 얻기 위해 혈기 부린 일
파란 인광을 뿜어대며 달려온 시간들

독을 빼내야
소리쳐 울어 내 속의 독을 빼내야 하는데
입술을 깨물며 하릴없이 이불만 뒤집어쓰네

봄꽃이 흐드러지게 피어도 즐겁지 않아

심장이 턱에 들러붙은 늙은 엄마 문병 왔어도
살아내야 할 날들만 까마득히 보이는 걸
돌이 된 독을 다 흘려보내야 하는데

저기 좀 봐,
원기네 집 살구꽃이 지고 있어
엿장수 똥구멍은 찐득찐득 소금장수 똥구멍은 맨들맨들

봐 저기 좀 봐,
엿장수 지나가고 석유장수도 지나는
원기네 집 울타리 너머로 청포도가 열려 있네

화해

급장 실장 연대장에 호리호리한 귀공자 타입이던 원기를 노가다판 내 무대에서 만났는데요, 그때부터 그를 고 상무라 불렀지요 소싯적 가시내 친구들, 대머리 홀랑 까진 중늙은이 상상도 못하고 담장 너머 천도복숭아 바라보듯 원기 바라보던 옛날 일 떠올리면 푸하푸하 실소를 하다가도 대머리 너머 놀꽃에 비끼는 어쩔 수 없는 여편네를 바라볼 수밖에 없다니까요

내가 원기에게 적의를 품은 이유는 칠 공주집 셋째 딸로 불리던 일과 무관하지 않았던 것 같은데 울 엄마 근심인 귀공자라는 것에 심술이 났는데요, 세월의 뒤란에서도 고 상무와 삐꺽이기만 했는데, 오늘 낮에 결제대금 미루는 고 상무에게 항의하던 터였는데요 '미안하다 미안하다'는 전화선 저편 고 상무의 대머리에, 그 가파른 세월에 문득 입을 맞추고 싶어지더란 말이죠

아들만을 고집하던 울 아버지, 첩며느리 보려던 할머니 시골집 흑백사진 속에서 나 기다리고 계시려나 맘모머리 묶어주려 분홍 끈 찾아들고 마루 끝에 울 할머니 나와 계시려나?

'은희야 은희야!'

오늘 밤은 뜨거운 눈물강 뺨 위로 철철 흘려보낸 다음 잠들고 싶네요

뽕짝 뽕짝

인생 거- 관광버스 속에서 부르는 뽕짝이더군 그걸 위해 목숨 걸고 달려온 길 뒤돌아보며 울기도 했다네 훔친 빵 한 조각에 평생 사슬로 묶여버린 장발장처럼 잘못 든 교차로 빵빵 귀를 찢는 클랙슨에 좌회전 한 번 해버린 죄로 혼비백산 여기까지 와버렸다네

이제도 흐름을 탈 줄 몰라 백발성성하고서도- 교차로 그 성급한 차들에게 빵빵 위협을 당한다네

잘못 든 교차로- 간밤 가위눌린 꿈처럼 찾아오고…… 떠나온 집은 쥐들만 들락거리는 빈집, 흑백사진 한 장 걸려 있더군 해맑은 그 소녀 슬프게 거미줄에 걸려 있더군 남루한 인생살이 관광버스에서 단 한번 나는, 뽕짝 메들리로 나훈아도 되고 문주란도 되고 너훈아도 되어 뽕짝 뽕짝 돌고 돌렸네

꿈

다시 태어난다면
지붕 낮은 학교
국어선생님이 되어
눈망울 순한 아이들을 가르치고
밤에는
밤새워 시를 써야지
결혼은 해도 그만
안 해도 그만
외롭고 지루하면
이마 말간 남자와 한 번쯤 결혼을 하고
강물도 흐르고
구름 흐르는 시골 언덕배기
흰 찔레꽃처럼 피다 져야지
강가 흰 조약돌로
달그락 달그락 살다 가야지

● 해설 ●

전생前生을 사는 몽환의 감각, 귀환하는 모성, 그리고 신생의 꿈

김문주(문학평론가 · 영남대 교수)

한 세월을 통과한 이들에게서는 시간과 육체에 대한 각별한 감각이 발견되기 마련이다. 기억의 지층이 두텁지 않고 육체의 쇠잔을 일상에서 경험하지 못하는 젊은 세대는 현재적 감각에 몰입하거나 다가올 시간을 담보로 하는 정서를 누리는 법이다. 그들은 미래로 기울어져 있으면서 현재의 육체를 사는 자들이다. 이들과 달리 인생의 반환점을 돌아선 이들의 시간은 과거를 향해 있고 몸에 기숙하고 있는 기억들과 함께 반추되는 것이어서, 본질적으로 존재-귀속적이다. 중년의 삶에서 또 다른 생이나 육체에 대한 관심이 현격하게 확대되는 것은, 이들 생의 연대가 자신을 숙주로 삼는 상상력의 삶을 살기 때문이다.

그래서 이들의 시간은 입체적인 것으로써 경험되며, 때때로 나르시즘적 몽환과 관능의 삶을 구가하게 되는 것이다.

고선의 시는 중년의 시간이 살아가는 한 방식을 매우 극적이고 강렬한 형상으로 그려낸다. 그녀의 시에서 시간은 자신이 기숙하고 있는 육체의 삶을 통해 때로는 신비적 관능으로, 때로는 정서적 허기로써 현현하는 바, 우리는 여기에서 스스로를 기지로 삼아 현실을 타고 넘는 시간의 풍경을 목격하게 된다. 특히 고선의 시는 신화적인 상상력에까지 뿌리를 내리고 있어 보다 심층적인 인간 내면을 생각하게 하는데, 이러한 자질이 무중력적 사유의 산물이 아니라 지극한 현실의 산물이라는 점에서 문제적이라고 할 수 있다. 그녀의 시는 노동의 현실과 굴곡진 삶의 경험 위에 기초한 것이라는 점에서 중년 여류시인들에게서 흔히 나타나는 삶에 대한 인식의 감상성을 넘어선다. 다시 말해 고선의 시에서 발견되는 정서적 표층은 그 연대가 보여주는 전형적 성격들로 구성되어 있지만, 그 심층은 생에 대한 보다 원초적이고 격렬한 자질들로 들끓고 있다.

> 거미줄을 치고 현장 소장이 내 살을 파먹으려 해요 기사 놈들도 내 몸에 이빨을 박으려 해요 가불해주세요 퇴직금 선납해주세요 휴대폰비 내주세요 거미줄이 휘청이는데, 내 볼기짝 살로 불고기 파티한 지도 불과 며칠 전인데

> 집에 오자마자 아이들에게 불붙은 화살을 쌔앵쌔앵 날리지요 왜 이제 들어오는 거니 일찍 들어온 건데요 누가 말대답하랬

어 어서 밥 먹고 자빠져 자, 아니 이 남자는 왜 또 늦는 거야 새벽녘에 들어와 빈 젖꼭지 물고 늘어지는, 머리 검은 짐승이라면 이가 갈려

비에 젖은 집, 광대뼈 쇄골뼈 엉치뼈 불거진 거미의 집

—「거미」 전문

통상적으로 가사家事에 종사하는 기혼여성의 생활체험이 주로 혈연 공간 내부의 일과 관련되어 있는데 반해, 고선 시인의 체험은 여성적 현실뿐만 아니라 남성적 노동 영역까지를 포함한 것이다. 게다가 그러한 노동 현장은 날것의 본성 그대로가 노정되는 곳이다. 위의 시는 시인이 경험한 사회와 가정에서의 여성적 현실을 단적으로 보여준다. '나'를 향한 '현장 소장'과 '기사 놈들'의 적나라한 욕망은 가정에서 아내와 어머니에게 요구되는 기대 역할과 본질적으로 다르지 않다. 상대를 자신의 욕망 실현의 대상으로 삼는다는 점에서 '나'의 주변 존재들은 '한결같다'. 시인에게 여성성은 욕망의 도저한 이기적 속성을 경험하는 존재의 틀인 셈이다. "내 몸에 이빨을 박으려 하"는 현장의 남자들이나 "새벽녘에 들어와 빈 젖꼭지 물고 늘어지는" '남자', 그리고 언술의 표면에 부각되지 않은 자식들은 모두 '나'를 먹이로 삼아 생명을 채워가는 이기적 존재들이다. 자식들을 향해 날아가는 '화살' 같은 말들은 이러한 현실에 대한 화자의 고통의 열도를 역설적으로 웅변해준다. 중년 여성들이 느끼는 허망감의 본질을 이 시는 매우 충격적인 형상으로 그려

낸다. 허탈은 수탈收奪의 정서적 귀결이자 내면으로의 귀환인 것이다. "광대뼈 쇄골뼈 엉치뼈" 등 이 시에 묘사된 앙상한 신체의 이미지는, 시인의 현재에 대한 매우 생생하고 구체적인 형상이라고 할 수 있다. 이러한 수탈의 육체적 형상은 시인의 현재적 자의식을 보여주면서도 시인으로 하여금 생의 궁극적 지점을 선명하게 환기시키는 이미지이다.

건어물집 처마에
일렬횡대로 걸린 가오리들
바람에 점점 말라가는
풍장된 육신들이 내 눈을 찌르네

싱싱한 눈동자
시커먼 두 개의 동공으로 남아
천 길 나락으로 끌고 가네

토우와 청동의 부장품
몸에도 녹이 슬어
얼음꽃이 피려 하네

만년설은 먼
영화 속 이야기인데

쇄골뼈 갈비뼈로 흉흉한 몰골 하나,

욕실의 거울 속에 걸려있네

—「어느 날 갑자기」 전문

앙상한 신체의 이미지는 시인의 현재적 자기인식을 드러낸다. 그러나 이 훼손된 신체에 대한 자의식은 심미적 생명력이나 치장된 육체성을 소환하는 방향으로 전개되지 않는다. 시인이 앙상한 자기 육체에서 보는 것은 죽음이다. "욕실의 거울 속에 걸려 있는" "흉흉한 몰골"은 "바람에 점점 말라가는 풍장된 육신"과 다르지 않다. "풍장된 육신들"을 "시커먼 두 개의 동공으로 남아" 바라보는 "싱싱한 눈동자"는 자신의 현재를 생생하게 인식하는 자의식의 형상이다. '죽음을 내장하고 있는 육체'는 고선의 관능성을 구성하는 중요한 인식론적 자질이다. 이는 육체에 대한 중년적 감상성을 휘발시키는 중요한 요소이면서 관능성의 열도를 들끓게 하는 요인이라고 할 수 있다. 물론 이러한 의식에는 소진되어가는 육체의 시간과 피폐한 현실 인식이 전제되어 있다. 생명력의 소진을 느끼기 시작하는 의식에게서 육체성에 대한 갈망은 높아지게 마련이다. 관능에 대한 의식적 감수성이 본격적으로 출현하는 것은 육체의 소모, 나아가 시간의 최후를 바라보는 비전의 등장을 역설적으로 시사한다. 고선의 경우, 이러한 관능성은 단순한 육체의 쇠잔뿐만 아니라 현실에 대한 황폐한 인식과 결합한 것이어서 좀더 본질적이고 격렬한 성격을 띠게 되는 것이다. 고선의 시에서 인간에 대한 깊은 연민이 육체를 통해서 개진되는 것은 그러한 점에서 필연적이다.

전화선 저편에서/꺽꺽대던 친구//화장터 굴뚝을/빠져나가는 아내의 육신을 바라보면서도/육개장에 밥 말아 삼키던 일이나/좋아하던 귤 한 조각/넘기지 못하고/마르고 타버린 삭정이 몰골/그 몰골을/잊지 못해서가 아니라//이십 년을 함께 했던/정 때문이 아니라/새롭게 시작한 사랑/그 뻔뻔한 사랑을 다시/하게 되어 우는 것이라고 말할 때//어디선가/모래바람 불어오고,/클레임 걸린 변두리 공사장의 풍경이/아득해서,/나는 울었다

—「경계」 전문

머리 검은 짐승이라면 이가 갈린"다(「거미」)는 독설과는 정반대의 정조와 의식으로써 육체성에 대한 깊은 연민을 보여주는 이 시는 시인의 생에 대한 통찰의 구체성과 진정성을 생각하게 한다. "이십 년을 함께 했던" 주검 앞에서도 "육개장에 밥 말아 삼키"고, 그것도 모자라 "뻔뻔한 사랑을 다시 하게 되"는, 참으로 받아들이기 어려운 사태는 몸을 입고 살아가는 인간의 정체성을 웅변적으로 드러내준다. 생은 그런 것이다. 이성과 의지로써 지켜낼 수 없는 몸의 일에 관해서 시는 말한다. "이십 년을 함께 했던 정 때문이 아니라" "새롭게 시작한 사랑 그 뻔뻔한 사랑을 다시 하게 되어 운"다는 친구의 울음에 울음으로써 깊은 공감을 표하는 화자는 욕망의 허망과 도저함을 아는 자이다. 그 울음 속에는 저 "클레임 걸린 변두리 공사장" 풍경이 상징하는, 먹고사는 일의 누추陋醜에 대한 인식이 담겨 있다. 먹고 살기 위해 일하고 일 때문에 갈등을 빚고 싸우는 사람살이의 모습은, 참으로 "아득한" 풍경이다. 어쩌랴, 이것이 인간

사인 것을. 고선 시에 등장하는 관능에는 이러한 생에 대한 인식이 깔려 있다. 소멸할 것들의 지독한 욕망과 이중성 위로 고선 시의 관능은 전개된다. 그녀의 관능이 중년의 통상적인 육체성과 차별화되는 지점이 바로 이 대목이다. 노동과 사랑, 소멸과 열도의 경계에 놓인 몸에 대한 인식으로 그녀의 시적 관능은 단순한 욕망의 풍경을 넘어선다. 고선의 시에서 매우 격렬한 관능성을 목격하게 되는 것은 이와 같은 육체에 대한 인식 때문이다.

> 할까? 해 버릴까…… 뽕짝사랑에 이 악물고 돌아서면 다시 도지는 병 컴컴한 그믐밤 대낮 같은 보름밤 홀로 지새자면 대마라도 먹은 듯…… 취한 듯…… 팔다리 배배 꼬여 개다리 춤도 추고 거 어디 꽹과리라도 주워들고 깨갱깨갱 발정 난 수캐 흉내라도 낸다면 살 것도 같고, 꽃무녀 요령 뺏어들고 내 속의 잡귀 엣쉬엣쉬 물러가라 물러가라 한바탕 신명나게 미쳐볼까 차라리 오만 잡신 불러들여 한판 디스코라도 비빈다면 살겠는걸, 살겠는 거야
>
> (오오…… 웨이브 하우스 스텝으로 걸어오는 저 여자 발가벗고 있잖아 히히힛!)
>
> 돌아서면 자동차 바퀴에 짓뭉개진 들고양이- 그 주검 같은 사랑 놀음을 한 번, 딱 하룻밤… 해볼거나 어쩔거나,
>
> —「초승 지나」 전문

미당의 초기시에 나타나는 '들끓는 피'의 테마를 환기시키는 이 시는 고선 시의 관능에 내재된 주체할 수 없는 육체성을 단적으로 보여준다. "대마라도 먹은 듯… 취한 듯 팔다리 배배 꼬여 개다리 춤도 추고" "꽹과리라도 주워들고 깨갱깨갱 발정 난 수캐 흉내라도 낸다면 살 것도 같"다는 어찌할 수 없는 저 '피의 솟구침'은 자기의지를 넘어선 지점에서 생성된 것이다. 그것은 신기神氣나 무기巫氣, 혹은 살煞의 영역에 속한 것이다. "자동차 바퀴에 짓뭉개진 들고양이"의 주검에서 사랑을 불러오는 상상력은 이를 웅변한다. 모든 것을 내놓고라도 해보고 싶은 "주검 같은 사랑 놀음"은 몸으로 확실하게 자각되는 사랑에 대한 갈망이다. "자동차 바퀴에 짓뭉개지"는 순간에 분명하게 찾아올 것 같은 자기육체에 대한 강렬한 자각, 어찌 보면 사랑에 대한 근원적인 욕망이나 사랑과 피학성 간의 연관성은 이것에서 연유하는 것일지도 모르리라. 사랑이야말로 감각의 만화방창을 불러오지 않던가. 사랑과 죽음의 역설적인 동거에 대한 상상력은, 궁극적으로 자기존재에 대한 온전한 실체감을 향유하고자 하는 바람이 아니겠는가. 사랑에 대한 인류의 지치지 않는 욕망과 상상력이 존재의 자기증명 욕구에서 비롯된 것이라고 한다면, 짖이겨지는 감각, 나아가 몸을 지나는 강렬한 절명絶命 체험에의 욕망은 원초적인 것일 수 있다.

그런데 특기할 만한 것은 이와 같은 열망이 중년여류 시인에게서 나온 것이라는 점이다. 앞에서도 언급한 것처럼 '솟구치는 피'의 체험은 대체로 젊은 날의 상상력에 속한 것이다. 이 대목이 고선 시의 독보적인 특징이 생성되는 지점이다. 고선의 시는 매우 강렬한 관능성을 보여주지만, 그 속에는 현재적 감각을 향유하려는 젊은 관능성과는 다른 시간의 감각이 내장되어 있다. 그것은 한편으로는 영원의 감각으로, 다른 한편으로는 과거의 기억과 결합하는 방식으로 부조된다.

> 너울너울 검은 비단 혀로 고욤열매 나의 유두며 목덜미 간질여서 백 년 만에야 너에게로 이를 수 있었지 백 년의 고독을 견디고서야 단 한 번의 오르가슴에 오를 수 있었던 내 몸 어디, 먼 섬에서 말라가는 욕망의 거기, 터뜨린 배암이여! 익모초 맛 쓰디쓴 시간과 겹겹의 어둠 견디고서야 너에게로 이르렀나,
>
> —「천경자를 만나다」 3연

> 꽃사과나무 아래 남자가 누워 있어요 달빛 닮은 여자와/한 장의 벽화가 되네요/입을 맞췄어요 그 맛, 첫 키스도 그랬어요/오래 익은 내 남자. 낯설지 않았어요 여자도/울었어요 천 년 전 시간 속에서 그대/향그러운 말소리로 유영할 때//[…] 푸른 옹달샘이 사라진 숲속나라와 핵이 든 햄버거/방부제로 처리된 질긴 시간이 싫어요 전생의 남자와/잠을 자고 싶어요 돌아가고 싶어요 두드려보아요 청동의 내 몸을,/아담이여 아담이여
>
> —「청동의 문」 3 · 10연

> 일곱 번째 내 사랑은 할머니 전생의 남자/할머니 비단 치마폭에 날아든 한 마리 학/상사병으로 죽은 풍문 속 이 도령인 거야
>
> —「도화도화도화」 3연

고선의 첫 시집 『내 처음의 딸이 라색을 하는 동안』의 많은 시편들에는 여성적 관능과 성적 상상력이 나타나는데, 그러한 형상들이 시간의 감각과 결속되어 있어 낯선 매력을 준다. 「천경자를 만나다」와 「청동의 문」은 그림을 보고 쓴 작품인데, 두 편 모두 시간이 휘발된 원초적 세계를 형상화하고 있다. 전자가 자기육체 속에 오래된 시간의 감각을 부여함으로써 신비로운 나르시즘의 관능을 실현하고 있다면, 후자는 다른 차원에 놓인 "전생의 남자"를 부름으로써 원초적인 관능성을 그려낸다. 이러한 관능성은 "방부제로 처리된 질긴 시간"에 대한 혐오로써, '아담'으로 상징되는 근원적 생명 세계를 향한 갈망이다. 이는 "사막" 같은 생, 불모의 현실에 대한 무의식적 거부라고 할 수 있다. 한편 "전생의 남자"인 '아담'에게 "청동의 내 몸을" "두드려" 달라는 화자의 청원 속에는 죽음에 대한 동경이 내장되어 있어 보이는데, 이는 나중에 언급할 '모성'을 향한 욕망과 상통하는 것으로 판단된다. 아무튼 시공의 구체성이 제거된 세계 속에 형상화된 이러한 관능성은 원초적 생명력에 대한 갈망과 나르시즘적 환상이 결합되어 신화적인 신비감을 자아낸다.

물론 이러한 관능이 무시간성을 띠는 것만은 아니다. 고선의 보다 많은 시편들은 '전생의 시간'에 해당할 만한 구체적인 시공간 위에 펼쳐지는데, 그 세계는 고색창연한 과거이다. 우리가 그녀의 시에서 때로 매우 오래된 세계라는 느낌을 받는 것은 바로 이 때문이다.

날마다 잔등에 물의 집을 짓는 어머니/잔등에 무엇이 들었나요?/세월이 들었단다 목련꽃 벙그는 네 웃음소리, 아버지 창가 소리도 들었구나 아라리차차 비약에 초약에 팔공산 스무끗, 너 품던 풋시절 살구도 몰래 따다준 아버지 콧노래,//아니 한숨소리 들었어요 엄마 잔등 들썩여요 낙타 등에 원삼 족두리에 가마 타고 넘고 넘은 고갯길 들었어요

—「낙타 등」 부분

어둑발 내리는 아파트 등나무 벤치, 무릎에 아이를 앉힌 장년의 남자가 몇 가닥 이마로 흐른 앞머리 그늘에서 아이스케끼를 맛나게 먹는데, 불현듯 가을 들길에서 철지난 차림새의 남자가 나를 따라오고//나는 또 빈집에 들어 라면을 끓여 소주를 마시는데, 부엌 창으로 들어온 눈썹 긴 보름달 속에서, 송편을 빚는 엄니 눈이 우두커니 대문간을 내다보고

—「추석 연휴」 2 · 3연

분꽃이 피고 장미가 피는 내내/내 몸에 분내가 나고/본처의 손톱 같은 붉은 가시에 찔려,/나는 필시/누군가를 친친 감아올린/시앗, 또는 그 몸종이었으리

—「그 집 앞」 4연

고선의 시에 자주 등장하는 시간은 유년의 세계이거나 유년의 기억이 자아내는 데자부Dejavu의 세계이다. 이를테면 "아버지의 창가"와 어머니의 "원삼 족두리"가 등장하는 「낙타 등」은 '나' 가 기억하는 유년 시절뿐만 아니라 어머니를 매개로 하

여 '나'가 태어나기 이전의 시간으로 이루어진 세계이다. 시인의 내면으로 들어온 직·간접의 과거는 머릿속에 내장된 기억으로 끝나는 것이 아니라 현재의 시간 속에 편입되어 세계를 구성하는 주요 요소가 된다. 고선의 시에 등장하는 서로 다른 사태들의 병치는 대체로 현재 속에 기숙한 과거의 기억이나 이미지와 관련된다. 이를테면 「추석 연휴」에서 "무릎에 아이를 앉힌 장년의 남자"의 현실과 "가을 들길"의 풍경이 겹쳐지거나, "라면을 끓여 소주를 마시는" 풍경과 "송편을 빚는 엄니"의 이미지가 함께 놓이는 방식은 고선의 감각을 구성하는 중요한 특징이다. 현재와 과거(의 이미지)의 느닷없는 배치는, 적어도 그녀의 시에서는 매우 자연스럽게 실현된다. 물론 이러한 시간 감각이 고선에게서만 보이는 것은 아니지만, 그것이 시적 감각이나 상상력의 구조로 작동한다는 점에서는 매우 돋보이는 특징이라고 할 수 있다. 그녀의 시에 출현하는 오래된 말들—예를 들어 "아이스케끼"— 역시 현재를 유년기의 언어로 구성해내는 무의식적 감각의 영향이라고 할 수 있다. 현재를 자연스럽게 구성하고 있는 이러한 과거의 영향력으로 인해 그녀의 시는 입체적인 시간 감각을 누리게 되는 것이다. 현재 속에 과거를 이물감 없이 들어앉히는 감수성은 과거의 시간을 전생의 시간으로, 그리고 그 시간을 동경하는 시간대로 이월하는 기지가 된다. 고선의 시에 자주 등장하는 〈그 집〉을 형상화한 「그 집 앞」은 과거(의 이미지)를 통해 또 다른 차원의 시간을 경험하는 시인의 상상력의 구조를 보여준다. 그러한 상상력을 통해 시인은 관능적 삶에 대한 강렬한 열망을 펼쳐놓는다. 분꽃과 장미 덩굴이 마당에 가득한 "처마 낮은 붉은 벽돌집"의 정경 위에 "누군가를 친친 감아올린 시앗, 또는 그 몸종이었으리"라고 자신의 전생을 오버랩하는 상상력은 지나온 과거의 이미지를 다른 차원의 시간[前生]으로 전치轉置함으로써 현재를 재구성한다. 고선의 관능은 주로 이러한 방식으로 생성된다. 이 관능은 현재의 육체를 향락하는 감각이 아니라, 자기의식과 그 속에 기숙하고 있는 기억들을 향유하는 감각이다. 그래서 그 감각은 몽환적이고 무시간적이다.

> 당산 언덕배기 풋감 앗 떫다! 뱉어내고/송아지 끄먹끄먹 조을고 있는 외양간도 들여다보고/질푸른 탱자나무울도 아슴히 바라보다 도라지꽃/짓뭉개진 도라지밭 꿈처럼 보았네 보랏빛 숨결들,/일곱 살 적, 한 머슴애와 뭉치기하던 도라지밭/도라지밭이었네//"이리와 광식아 울 엄마 아빠처럼 뭉치기하자"/거친 숨소리 들린 다음날이면/도라지밭이 짓뭉개져 있었네//끄먹끄먹 나를 바라보던 광식이 눈, 송아지 눈!/도라지 도라지밭에선/보랏빛 꿈들이 익어가고 광식이네 외양간에선/음매 음매 송아지가 울다가 조을고/나는 어른이 되어서도 보랏빛 꿈속이네
>
> —「도라지밭」 3 · 5연

"일곱 살 적, 한 머슴애와 뭉치기하던 도라지밭"의 광경은 시인의 현재적 의식에 의해 구성된 것이다. 과거의 기억은 그것을 떠올리는 주체의 의식 속에서 재편된다. '풋감' '송아지' '탱자나무울' '짓뭉개진 도라지밭' '송아지 눈' '거친 숨소리', 그리고 광식이와의 대화는 '도라지밭'의 사태를 "보랏빛 꿈속"

으로 소환하는 의식의 풍경이다. 이 의식에 의해 의미를 부여할 수 없었던 "일곱 살 적"의 어떤 일은 하나의 사건이 된다. '풋감' 처럼 떫은 유년기의 사건을 시인은 원초적인 꿈의 세계로 간직하고 있다. 이 의식의 풍경은 현재로부터 멀리 떨어져 있는 저편의 세계로서 그 막막한 거리로 인해 마치 전생의 사태처럼 되살아나게 되는 것이다. 고선의 시에는 이와 같은 과거의 기억이, 시인의 의식에 의해 매우 선명한 이미지로써 반복적으로 소환되어 현실을 구성하는 주요 인자가 된다. 이를테면, 그녀의 여러 시편들에 편재해 있는 꽃신의 이미지나 모성의 이미지, 그리고 집의 모습은 시인의 의식에 의해 호출된 풍경이다. 그러한 점에서 현실은 시인에게 '지금-여기' 의 현상적 사건들이 펼쳐지는 사태의 세계가 아니라, 지나온 사건들과 그것을 기억하고 현재 속에 표상하는 의식에 의해 생성되는 세계이다. 고선의 시는 이러한 의식의 작용이 지배하는 공간이다. 어찌 보면 저 "끄먹끄먹 조을고 있는" 「도라지밭」의 송아지처럼 그녀는 의식의 혼몽 상태를 현재로써 사는 자인 듯하다. 이렇게 과거로 향하는 의식, 아니 자기의식을 사는 것은, 어찌 보면 도래할 시간에 대한 무의식적 매장으로도 보인다. 자기의식을 사는 존재에게 현상적 시간은 별 의미가 없다. 그러한 점에서 고선의 관능은 자기의식을 사는 자의 존재확인이며, 그 관능이 주체할 수 없는 격렬함에 휩싸여 있는 것은 지극히 자연스러운 일이다. 고선의 시에서 우리가 원초적 감각이나 신화적 이미지들을 경험하게 되는 것은, 이러한 자기의식의 삶이 궁극적으로 존재의 시원 상태에 닿아 있기 때문일 것이다. 그녀의 시에 가장 빈번하게 등장하는 모성은 이를 잘 드러내준다.

아궁이의 장작불 냄새에 서쪽 하늘이 붉게 그을렸지요 홍역의 꽃불 속에도 떠있던 하늘 이제는 견딜만해요 젖무덤을 가진 당신, 자궁 속에 웅크린 태아의 모습이어요

당신이 짓던 저녁연기 속에서 무덤과 요람을 떠올렸어요 사잣밥 냄새와 첫 국밥 냄새를요. 요람도 당신이지요 돌아가야 할 곳도 당신이지요. 하늘과 땅이 하나였어요 돌고 돌아 시작이 되고 끝이 되는 거였어요

생일은 이제 즐겁지 않아요 코에 젖은 냄새가 있어요. 마지막 길 당신이 맛나게 잡숫던 그 냄새였어요 오늘 아침 나를 위해 첫 미역국을 끓였어요

무덤의 문을 열어주세요 어머니가 되고 싶어요. 이제 사라지는 것들을 슬퍼하지 않아요

—「어머니」 전문

저 소리 들어요 따각따각 죽음의 말발굽소리에요. 홍역의 꽃불 속에서도 들었던, 어머니 어서 창문에 꽝꽝 못을 쳐주세요 내 손을 놓지 마세요. 아무것도 어떤 소리도 보고 듣지 못하도록, 오직 당신의 숨소리만 들려주세요. 아아, 들큰하고 비릿한 당신의 젖 냄새가 사무치게 그리워요 어머니,

—「우울憂鬱 2」 2연

고선의 시에서 어머니의 이미지는 곳곳에서 출현한다. "천변 길 먼 묵정밭에" '민들레'(「민들레」)와 "애기수련이 썩어가던 빈 마블 항아리", 그리고 "달빛"(「등꽃」) 등 시인은 온갖 사물세계에서 모성의 이미지와 맞닥뜨린다.

인용한 위의 시는 이러한 모성 이미지의 궁극을 보여주는 작품이다. 시에서 '어머니'는 생과 죽음을 함께 품고 있는 근원적인 존재이다. 그것은 '무덤'과 '요람'이라는 둥근 이미지로써 상징화되어 있는데, 시의 화자는 이 모성적 세계로의 귀소歸巢를 기원한다. "마지막 길 당신이 맛나게 잡숫던 그 냄새"가 "코에 젖"어 있다는 진술은, "생일"이 상징하는 삶의 세계에 대해 화자에게 더 이상의 갈망이 없음을 뜻한다. 화자가 어머니와 더불어 기억하는 세계의 풍경은 아늑한 저녁의 세계이다. 그곳은 "아궁이의 장작불 냄새"와 "저녁연기"가 피어오르는 그야말로 영혼이 쉼을 얻는 세계이다. 이 세계에서 존재는 안식을 얻을 것이다. "젖무덤을 가진 당신, 자궁 속에 웅크린 태아의 모습"으로 그려진 모성은, '무덤'과 '요람'을 함께 품고 있는 공간이다. 화자는 "이제 즐겁지 않은" 고단한 생(일)의 세계에서 이러한 모성 세계로의 귀환을 갈망하는 것이다. "무덤의 문을 열어주세요 어머니가 되고 싶"다는 요청 속에는 고통스럽고 고단한 현실로부터 해방되고 싶은 바람이 담겨 있다. 죽음의 세계에 대한 이러한 동경은 〈우울憂鬱시편〉에 암시되어 있는 공포스러운 체험과 관련되어 있어 보인다. 그러한 시편들에서 어머니는 세계의 악마성으로부터 자신을 보호하는 존재로 묘사되어 있다. "어머니 어서 창문에 쾅쾅 못을 쳐주세요 내 손을 놓지 마세요. 아무것도 어떤 소리도 보고 듣지 못하도록. 오직 당신의 숨소리만 들려주세요. 아아, 들큰하고 비릿한 당신의 젖 냄새가 사무치게 그리워요 어머니”(「우울憂鬱 2」).

고선의 모성 동경은 개인적으로는 공포와 불안 체험의 산물로 보이지만, 이는 인간 존재의 근원적이고 보편적인 욕망에 닿아 있는 것이라고 할 수 있다. 고단하고 불안한 현실에서 벗어나 온전한 안식의 세계로 돌아가고 싶은 갈망은 모든 인간들의 영원한 꿈일 것이다. 모성 세계에 대한 시인 고선의 열망은, 현실적으로는 이 시집의 표제작 계열의 작품이 보여주는 아름다운 꿈으로 길을 열어간다. 어찌 보면 이러한 길트기는 어머니로서 살아가는 시인의 뿌리 깊은 모성의 산물일 것이다. 포기할 수 없는 모성성, 그것이야말로 고통스러운 현실세계로부터 존재를 지켜주는 가장 근원적인 힘일 것이다.

> 꽃샘바람 불고 봄비내린 다음 날, 〈푸른 안과〉 모니터에 칠흑의 빅뱅이 떠올랐다 아침빛 물든 동산 가운데 꽃술마냥 말려 올라간 살눈썹, 커다란 눈 하늘 물빛 다 합한 가장 처음의 눈이었다 호수가 은빛으로 눈을 뜨는 순간, 푸른 수초 사이 비단 열대어들 지느러미 흔들며 ‘처음의 눈’을 바라보다 훌쩍 모니터로 뛰어올라 ‘처음의 눈’ 속으로 헤엄쳐 들어가,
>
> 〈푸른 안과〉 모니터 동쪽에서 태양이 떠올랐다 처음의 꽃이 피고 벌 나비 새가 날기 시작했다 그것을 본 ‘처음의 눈’에 이슬이 방울져 흘러내려 꽃들은 더 무성히 피어났다 꽃씨가 여물

때 서쪽에서 불어온 바람이 턱시도 입은 소년을 데려와 '처음의 눈' 과 혼례를 올려주었다

소라껍질 속에서, 담수 진주알 속에서, 비단 열대어 지느러미를 흔드는 산호초 궁전, 〈푸른 안과〉 모니터에 무수한 '처음의 눈' 들이 태어났다

—「내 처음의 딸이 라색을 하는 동안」 전문

라색수술을 받는 딸의 안구 모니터 화면을 소재로 하고 있는 이 시는 신생의 꿈을 형상화한 작품이다. 둥근 호수가 "은빛으로 눈을 뜨"자 "푸른 수초 사이 비단 열대어들"이 지느러미를 흔들고, 이윽고 "꽃이 피고 벌 나비 새가" 나는 이 아름다운 풍경은 순결한 생명력이 풍요롭게 자라나는 아름다운 공간이다. "처음의 눈"은 이러한 생명력이 비롯되는 시원의 세계이다. "푸른 수초 사이 비단 열대어들"이 "지느러미 흔들며" "'처음의 눈' 속으로 헤엄쳐 들어감"으로써 은빛의 호수는 생명력이 넘치는 공간으로 변화하는데, 이 과정은 난자와 정자가 합일하는 생식의 순간과 겹쳐 있다.

이러한 상상력은 순결하고 원시적인 생명력에 대한 근원적 동경이라고 할 수 있지만, 한편으로는 딸을 향한 모성적 사유에서 연유한 것이다. 모니터 화면에 비친 안구의 이미지를 통해 신생의 꿈을 꾸는 이 시의 상상력은 여성성에 바쳐진 것이며, 그것은 자신 속에 내재된 여성성을 향한 것이면서, 현실적으로는 딸을 향한 것이라고 할 수 있다. 우리는 여기에서 눈물

겨운 모성의 꿈을 목도한다. "턱시도 입은 소년을 데려와 '처음의 눈' 과 혼례를 올려주"는 저 아름다운 동화적 풍경 속에는 자신이 누리지 못했던 풍요로운 여성적 생명력에 대한 순결한 꿈이 담겨 있다. 그 꿈은 이제 딸의 삶을 통해 이어져 갈 것이다.

사막 같은 현실과 고단한 생, 그리고 불안과 공포의 체험 속에서 모성 세계에 대한 절박한 열망을 보여주었던 고선의 시는 우리 삶의 질곡을 돌아보게 한다. 그녀가 절실하게 향유하고자 했던 몸과 관능의 세계는 여성적 생명력에 대한 동경이었으며, 그것은 불구의 현실을 역설적으로 드러내는, 본질적으로는 자기확인의 욕망이자 나르시즘적인 열망이었다. 이러한 육체성에 대한 강렬한 욕망과 함께 형상화된 죽음에 대한 동경은, 그녀가 경험했을 고통과 외로움을 생각하게 한다. 그래서 고선의 격렬한 시들은, 너무, 슬프다. 고단한 생의 기록들 사이에 숨어 있는 평화와 정화淨化의 상상력, 그 소박한 꿈을 보면서 나는 그녀의 시들이 더 이상 앓음의 기록이 아니기를, 간절히 생각한다. 모쪼록 그녀가 "강가 흰 조약돌로 달그락 달그락 살"아가기를!

> 다시 태어난다면/지붕 낮은 학교/국어선생님이 되어/눈망울 순한 아이들을 가르치고/밤에는/밤새워 시를 써야지/결혼은 해도 그만/안 해도 그만/외롭고 지루하면/이마 말간 남자와 한 번쯤 결혼을 하고/강물도 흐르고/구름 흐르는 시골 언덕빼기/흰 찔레꽃처럼 피다 져야지/강가 흰 조약돌로/달그락 달그락 살다 가야지
>
> —「꿈」 전문